My Bible Study Journal

MY BIBLE STUDY JOURNAL. Copyright © 2021
All rights reserved- Tina J. Pearson

No part of this book may be reproduced or transmitted in any form or by any means, graphic, electronic, or mechanical, including photocopying, recording, taping, or by information storage retrieval system without written permission of the publisher.

Please direct all copyright inquiries to:
T3 Creations And More, LLC
c/o Author Copyrights
P.O. Box 503
Blythewood, SC 29016

Hardback ISBN: 979-8-9852531-0-8
Cover and Interior Design: Tina J. Pearson
Printed in the United States

How to Use This Journal

Dear Child of God,

This journal is designed to be used during those intimate moments with God while you are studying and meditating on His Word. Each day starts with the date and the scripture reference. Feel free to write out the entire scripture in this section if room permits. Scripture notes is where you will document any revelation God gives you during your time of study. After you have finished, take some time to write out declarations and affirmations in the designated section. Lastly, write a prayer to God centered around what He revealed to you during your study time.

Blessings,
Tina J. Pearson

Date:

Scripture Reference:
_____
_____
_____
_____
_____
_____

Scripture Notes:
_____
_____
_____
_____
_____
_____
_____
_____
_____
_____
_____
_____
_____
_____
_____
_____
_____
_____
_____

Declarations and Affirmations:
1. _____
2. _____
3. _____
4. _____
5. _____

Action Items:
1. _____
2. _____
3. _____
4. _____
5. _____

Prayer:
_____
_____
_____
_____
_____
_____
_____
_____
_____
_____
_____
_____
_____
_____

Date:

Scripture Reference:

_____
_____
_____
_____
_____
_____

Scripture Notes:

_____
_____
_____
_____
_____
_____
_____
_____
_____
_____
_____
_____
_____
_____
_____
_____
_____
_____
_____
_____

Declarations and Affirmations:

1. _____
2. _____
3. _____
4. _____
5. _____

Action Items:

1. _____
2. _____
3. _____
4. _____
5. _____

Prayer:

_____
_____
_____
_____
_____
_____
_____
_____
_____
_____
_____
_____
_____
_____
_____

Date:

Scripture Reference:

_____
_____
_____
_____
_____
_____

Scripture Notes:

_____
_____
_____
_____
_____
_____
_____
_____
_____
_____
_____
_____
_____
_____
_____
_____
_____
_____
_____
_____

Declarations and Affirmations:
1. _____
2. _____
3. _____
4. _____
5. _____

Action Items:
1. _____
2. _____
3. _____
4. _____
5. _____

Prayer:
_____
_____
_____
_____
_____
_____
_____
_____
_____
_____
_____
_____
_____
_____

Date:

Scripture Reference:
_____
_____
_____
_____
_____
_____

Scripture Notes:
_____
_____
_____
_____
_____
_____
_____
_____
_____
_____
_____
_____
_____
_____
_____
_____
_____
_____
_____
_____

Declarations and Affirmations:

1. _____
2. _____
3. _____
4. _____
5. _____

Action Items:

1. _____
2. _____
3. _____
4. _____
5. _____

Prayer:

_____
_____
_____
_____
_____
_____
_____
_____
_____
_____
_____
_____
_____
_____

Date:

Scripture Reference:

_____
_____
_____
_____
_____

Scripture Notes:

_____
_____
_____
_____
_____
_____
_____
_____
_____
_____
_____
_____
_____
_____
_____
_____
_____

Declarations and Affirmations:

1. _____
2. _____
3. _____
4. _____
5. _____

Action Items:

1. _____
2. _____
3. _____
4. _____
5. _____

Prayer:

_____
_____
_____
_____
_____
_____
_____
_____
_____
_____
_____
_____
_____
_____

Date:

Scripture Reference:
_____
_____
_____
_____
_____
_____

Scripture Notes:
_____
_____
_____
_____
_____
_____
_____
_____
_____
_____
_____
_____
_____
_____
_____
_____
_____
_____
_____

Declarations and Affirmations:
1. _____
2. _____
3. _____
4. _____
5. _____

Action Items:
1. _____
2. _____
3. _____
4. _____
5. _____

Prayer:
_____
_____
_____
_____
_____
_____
_____
_____
_____
_____
_____
_____
_____
_____

Date:

Scripture Reference:
_____
_____
_____
_____
_____
_____

Scripture Notes:
_____
_____
_____
_____
_____
_____
_____
_____
_____
_____
_____
_____
_____
_____
_____
_____
_____
_____

Declarations and Affirmations:
1. _____
2. _____
3. _____
4. _____
5. _____

Action Items:
1. _____
2. _____
3. _____
4. _____
5. _____

Prayer:
_____
_____
_____
_____
_____
_____
_____
_____
_____
_____
_____
_____
_____
_____

Date:

Scripture Reference:

_____
_____
_____
_____
_____

Scripture Notes:

_____
_____
_____
_____
_____
_____
_____
_____
_____
_____
_____
_____
_____
_____
_____
_____
_____

Declarations and Affirmations:
1. _____
2. _____
3. _____
4. _____
5. _____

Action Items:
1. _____
2. _____
3. _____
4. _____
5. _____

Prayer:
_____
_____
_____
_____
_____
_____
_____
_____
_____
_____
_____
_____
_____
_____

Date:

Scripture Reference:
_____
_____
_____
_____
_____
_____

Scripture Notes:
_____
_____
_____
_____
_____
_____
_____
_____
_____
_____
_____
_____
_____
_____
_____
_____
_____

Declarations and Affirmations:

1. _____
2. _____
3. _____
4. _____
5. _____

Action Items:

1. _____
2. _____
3. _____
4. _____
5. _____

Prayer:

_____
_____
_____
_____
_____
_____
_____
_____
_____
_____
_____
_____
_____
_____

Date:

Scripture Reference:
_____
_____
_____
_____
_____

Scripture Notes:
_____
_____
_____
_____
_____
_____
_____
_____
_____
_____
_____
_____
_____
_____
_____
_____
_____

Declarations and Affirmations:

1. _____
2. _____
3. _____
4. _____
5. _____

Action Items:

1. _____
2. _____
3. _____
4. _____
5. _____

Prayer:

_____
_____
_____
_____
_____
_____
_____
_____
_____
_____
_____
_____
_____
_____
_____

Date:

Scripture Reference:

_____
_____
_____
_____
_____

Scripture Notes:

_____
_____
_____
_____
_____
_____
_____
_____
_____
_____
_____
_____
_____
_____
_____
_____
_____
_____

Declarations and Affirmations:
1. _____
2. _____
3. _____
4. _____
5. _____

Action Items:
1. _____
2. _____
3. _____
4. _____
5. _____

Prayer:
_____
_____
_____
_____
_____
_____
_____
_____
_____
_____
_____
_____
_____
_____
_____

Date:

Scripture Reference:

_____
_____
_____
_____
_____
_____

Scripture Notes:

_____
_____
_____
_____
_____
_____
_____
_____
_____
_____
_____
_____
_____
_____
_____
_____
_____

Declarations and Affirmations:

1. _____
2. _____
3. _____
4. _____
5. _____

Action Items:

1. _____
2. _____
3. _____
4. _____
5. _____

Prayer:

_____
_____
_____
_____
_____
_____
_____
_____
_____
_____
_____
_____
_____
_____

Date:

Scripture Reference:

_____
_____
_____
_____
_____
_____

Scripture Notes:

_____
_____
_____
_____
_____
_____
_____
_____
_____
_____
_____
_____
_____
_____
_____
_____
_____
_____

Declarations and Affirmations:

1. _____
2. _____
3. _____
4. _____
5. _____

Action Items:

1. _____
2. _____
3. _____
4. _____
5. _____

Prayer:

_____
_____
_____
_____
_____
_____
_____
_____
_____
_____
_____
_____
_____
_____
_____

Date:

Scripture Reference:

_____
_____
_____
_____
_____
_____

Scripture Notes:

_____
_____
_____
_____
_____
_____
_____
_____
_____
_____
_____
_____
_____
_____
_____
_____
_____
_____
_____
_____

Declarations and Affirmations:

1. _____
2. _____
3. _____
4. _____
5. _____

Action Items:

1. _____
2. _____
3. _____
4. _____
5. _____

Prayer:

_____
_____
_____
_____
_____
_____
_____
_____
_____
_____
_____
_____
_____
_____

Date:

Scripture Reference:

_____
_____
_____
_____
_____
_____

Scripture Notes:

_____
_____
_____
_____
_____
_____
_____
_____
_____
_____
_____
_____
_____
_____
_____
_____
_____
_____

Declarations and Affirmations:

1. _____
2. _____
3. _____
4. _____
5. _____

Action Items:

1. _____
2. _____
3. _____
4. _____
5. _____

Prayer:

_____
_____
_____
_____
_____
_____
_____
_____
_____
_____
_____
_____
_____
_____
_____

Date:

Scripture Reference:

_____
_____
_____
_____
_____
_____

Scripture Notes:

_____
_____
_____
_____
_____
_____
_____
_____
_____
_____
_____
_____
_____
_____
_____
_____
_____
_____
_____
_____

Declarations and Affirmations:

1. _____
2. _____
3. _____
4. _____
5. _____

Action Items:

1. _____
2. _____
3. _____
4. _____
5. _____

Prayer:

_____
_____
_____
_____
_____
_____
_____
_____
_____
_____
_____
_____
_____
_____
_____

Date:

Scripture Reference:

_____
_____
_____
_____
_____
_____

Scripture Notes:

_____
_____
_____
_____
_____
_____
_____
_____
_____
_____
_____
_____
_____
_____
_____
_____
_____
_____
_____

Declarations and Affirmations:

1. _____
2. _____
3. _____
4. _____
5. _____

Action Items:

1. _____
2. _____
3. _____
4. _____
5. _____

Prayer:

_____
_____
_____
_____
_____
_____
_____
_____
_____
_____
_____
_____
_____
_____

Date:

Scripture Reference:
_____
_____
_____
_____
_____
_____

Scripture Notes:
_____
_____
_____
_____
_____
_____
_____
_____
_____
_____
_____
_____
_____
_____
_____
_____
_____
_____

Declarations and Affirmations:

1. _____
2. _____
3. _____
4. _____
5. _____

Action Items:

1. _____
2. _____
3. _____
4. _____
5. _____

Prayer:

_____
_____
_____
_____
_____
_____
_____
_____
_____
_____
_____
_____
_____
_____

Date:

Scripture Reference:
_____
_____
_____
_____
_____
_____

Scripture Notes:
_____
_____
_____
_____
_____
_____
_____
_____
_____
_____
_____
_____
_____
_____
_____
_____
_____
_____
_____

Declarations and Affirmations:

1. _____
2. _____
3. _____
4. _____
5. _____

Action Items:

1. _____
2. _____
3. _____
4. _____
5. _____

Prayer:

_____
_____
_____
_____
_____
_____
_____
_____
_____
_____
_____
_____
_____
_____
_____

Date:

Scripture Reference:
_____
_____
_____
_____
_____

Scripture Notes:
_____
_____
_____
_____
_____
_____
_____
_____
_____
_____
_____
_____
_____
_____
_____
_____
_____
_____

Declarations and Affirmations:

1. _____
2. _____
3. _____
4. _____
5. _____

Action Items:

1. _____
2. _____
3. _____
4. _____
5. _____

Prayer:

_____
_____
_____
_____
_____
_____
_____
_____
_____
_____
_____
_____
_____
_____

Date:

Scripture Reference:

_____
_____
_____
_____
_____

Scripture Notes:

_____
_____
_____
_____
_____
_____
_____
_____
_____
_____
_____
_____
_____
_____
_____
_____
_____
_____
_____

Declarations and Affirmations:
1. _____
2. _____
3. _____
4. _____
5. _____

Action Items:
1. _____
2. _____
3. _____
4. _____
5. _____

Prayer:
_____
_____
_____
_____
_____
_____
_____
_____
_____
_____
_____
_____
_____
_____
_____

Date:

Scripture Reference:

_____
_____
_____
_____
_____
_____

Scripture Notes:

_____
_____
_____
_____
_____
_____
_____
_____
_____
_____
_____
_____
_____
_____
_____
_____
_____

Declarations and Affirmations:

1. _____
2. _____
3. _____
4. _____
5. _____

Action Items:

1. _____
2. _____
3. _____
4. _____
5. _____

Prayer:

_____
_____
_____
_____
_____
_____
_____
_____
_____
_____
_____
_____
_____
_____

Date:

Scripture Reference:

_____
_____
_____
_____
_____

Scripture Notes:

_____
_____
_____
_____
_____
_____
_____
_____
_____
_____
_____
_____
_____
_____
_____
_____
_____

Declarations and Affirmations:

1. _____
2. _____
3. _____
4. _____
5. _____

Action Items:

1. _____
2. _____
3. _____
4. _____
5. _____

Prayer:

_____
_____
_____
_____
_____
_____
_____
_____
_____
_____
_____
_____
_____
_____

Date:

Scripture Reference:
_____
_____
_____
_____
_____

Scripture Notes:
_____
_____
_____
_____
_____
_____
_____
_____
_____
_____
_____
_____
_____
_____
_____
_____
_____

Declarations and Affirmations:

1. _____
2. _____
3. _____
4. _____
5. _____

Action Items:

1. _____
2. _____
3. _____
4. _____
5. _____

Prayer:

_____
_____
_____
_____
_____
_____
_____
_____
_____
_____
_____
_____
_____
_____

Date:

Scripture Reference:

_____
_____
_____
_____
_____
_____

Scripture Notes:

_____
_____
_____
_____
_____
_____
_____
_____
_____
_____
_____
_____
_____
_____
_____
_____
_____
_____
_____

Declarations and Affirmations:

1. _____
2. _____
3. _____
4. _____
5. _____

Action Items:

1. _____
2. _____
3. _____
4. _____
5. _____

Prayer:

_____
_____
_____
_____
_____
_____
_____
_____
_____
_____
_____
_____
_____
_____
_____

Date:

Scripture Reference:

_____
_____
_____
_____
_____
_____

Scripture Notes:

_____
_____
_____
_____
_____
_____
_____
_____
_____
_____
_____
_____
_____
_____
_____
_____
_____
_____
_____
_____

Declarations and Affirmations:

1. _____
2. _____
3. _____
4. _____
5. _____

Action Items:

1. _____
2. _____
3. _____
4. _____
5. _____

Prayer:

_____
_____
_____
_____
_____
_____
_____
_____
_____
_____
_____
_____
_____
_____
_____

Date:

Scripture Reference:

_____
_____
_____
_____
_____

Scripture Notes:

_____
_____
_____
_____
_____
_____
_____
_____
_____
_____
_____
_____
_____
_____
_____
_____
_____
_____
_____

Declarations and Affirmations:

1. _____
2. _____
3. _____
4. _____
5. _____

Action Items:

1. _____
2. _____
3. _____
4. _____
5. _____

Prayer:

_____
_____
_____
_____
_____
_____
_____
_____
_____
_____
_____
_____
_____
_____
_____

Date:

Scripture Reference:
_____
_____
_____
_____
_____

Scripture Notes:
_____
_____
_____
_____
_____
_____
_____
_____
_____
_____
_____
_____
_____
_____
_____
_____

Declarations and Affirmations:

1. _____
2. _____
3. _____
4. _____
5. _____

Action Items:

1. _____
2. _____
3. _____
4. _____
5. _____

Prayer:

_____
_____
_____
_____
_____
_____
_____
_____
_____
_____
_____
_____
_____
_____

Date:

Scripture Reference:

_____
_____
_____
_____
_____

Scripture Notes:

_____
_____
_____
_____
_____
_____
_____
_____
_____
_____
_____
_____
_____
_____
_____
_____
_____

Declarations and Affirmations:
1. _____
2. _____
3. _____
4. _____
5. _____

Action Items:
1. _____
2. _____
3. _____
4. _____
5. _____

Prayer:
_____
_____
_____
_____
_____
_____
_____
_____
_____
_____
_____
_____
_____
_____
_____

Date:

Scripture Reference:

_____
_____
_____
_____
_____
_____

Scripture Notes:

_____
_____
_____
_____
_____
_____
_____
_____
_____
_____
_____
_____
_____
_____
_____
_____
_____
_____
_____

Declarations and Affirmations:

1. _____
2. _____
3. _____
4. _____
5. _____

Action Items:

1. _____
2. _____
3. _____
4. _____
5. _____

Prayer:

_____
_____
_____
_____
_____
_____
_____
_____
_____
_____
_____
_____
_____
_____

Date:

Scripture Reference:

_____
_____
_____
_____
_____

Scripture Notes:

_____
_____
_____
_____
_____
_____
_____
_____
_____
_____
_____
_____
_____
_____
_____
_____
_____
_____
_____
_____

Declarations and Affirmations:
1. _____
2. _____
3. _____
4. _____
5. _____

Action Items:
1. _____
2. _____
3. _____
4. _____
5. _____

Prayer:
_____
_____
_____
_____
_____
_____
_____
_____
_____
_____
_____
_____
_____
_____
_____

Date:

Scripture Reference:

_____
_____
_____
_____
_____

Scripture Notes:

_____
_____
_____
_____
_____
_____
_____
_____
_____
_____
_____
_____
_____
_____
_____

Declarations and Affirmations:
1. _____
2. _____
3. _____
4. _____
5. _____

Action Items:
1. _____
2. _____
3. _____
4. _____
5. _____

Prayer:

Date:

Scripture Reference:
_____
_____
_____
_____
_____
_____

Scripture Notes:
_____
_____
_____
_____
_____
_____
_____
_____
_____
_____
_____
_____
_____
_____
_____
_____
_____
_____

Declarations and Affirmations:

1. _____
2. _____
3. _____
4. _____
5. _____

Action Items:

1. _____
2. _____
3. _____
4. _____
5. _____

Prayer:

_____
_____
_____
_____
_____
_____
_____
_____
_____
_____
_____
_____
_____
_____
_____

Date:

Scripture Reference:

_____
_____
_____
_____
_____
_____

Scripture Notes:

_____
_____
_____
_____
_____
_____
_____
_____
_____
_____
_____
_____
_____
_____
_____
_____
_____
_____

Declarations and Affirmations:
1. _____
2. _____
3. _____
4. _____
5. _____

Action Items:
1. _____
2. _____
3. _____
4. _____
5. _____

Prayer:
_____
_____
_____
_____
_____
_____
_____
_____
_____
_____
_____
_____
_____
_____

Date:

Scripture Reference:

_____
_____
_____
_____
_____
_____

Scripture Notes:

_____
_____
_____
_____
_____
_____
_____
_____
_____
_____
_____
_____
_____
_____
_____
_____
_____
_____
_____

Declarations and Affirmations:

1. _____
2. _____
3. _____
4. _____
5. _____

Action Items:

1. _____
2. _____
3. _____
4. _____
5. _____

Prayer:

_____
_____
_____
_____
_____
_____
_____
_____
_____
_____
_____
_____
_____
_____
_____

Date:

Scripture Reference:

_____
_____
_____
_____
_____
_____

Scripture Notes:

_____
_____
_____
_____
_____
_____
_____
_____
_____
_____
_____
_____
_____
_____
_____
_____
_____
_____
_____

Declarations and Affirmations:
1. _____
2. _____
3. _____
4. _____
5. _____

Action Items:
1. _____
2. _____
3. _____
4. _____
5. _____

Prayer:
_____
_____
_____
_____
_____
_____
_____
_____
_____
_____
_____
_____
_____
_____

Date:

Scripture Reference:

_____
_____
_____
_____
_____
_____

Scripture Notes:

_____
_____
_____
_____
_____
_____
_____
_____
_____
_____
_____
_____
_____
_____
_____
_____
_____
_____

Declarations and Affirmations:

1. _____
2. _____
3. _____
4. _____
5. _____

Action Items:

1. _____
2. _____
3. _____
4. _____
5. _____

Prayer:

_____
_____
_____
_____
_____
_____
_____
_____
_____
_____
_____
_____
_____
_____
_____

Date:

Scripture Reference:
_____
_____
_____
_____
_____
_____

Scripture Notes:
_____
_____
_____
_____
_____
_____
_____
_____
_____
_____
_____
_____
_____
_____
_____
_____
_____
_____

Declarations and Affirmations:

1. _____
2. _____
3. _____
4. _____
5. _____

Action Items:

1. _____
2. _____
3. _____
4. _____
5. _____

Prayer:

_____
_____
_____
_____
_____
_____
_____
_____
_____
_____
_____
_____
_____

Date:

Scripture Reference:

_____
_____
_____
_____
_____

Scripture Notes:

_____
_____
_____
_____
_____
_____
_____
_____
_____
_____
_____
_____
_____
_____
_____
_____

Declarations and Affirmations:

1. _____
2. _____
3. _____
4. _____
5. _____

Action Items:

1. _____
2. _____
3. _____
4. _____
5. _____

Prayer:

_____
_____
_____
_____
_____
_____
_____
_____
_____
_____
_____
_____
_____
_____

Date:

Scripture Reference:
_____
_____
_____
_____
_____

Scripture Notes:
_____
_____
_____
_____
_____
_____
_____
_____
_____
_____
_____
_____
_____
_____
_____
_____
_____

Declarations and Affirmations:

1. _____
2. _____
3. _____
4. _____
5. _____

Action Items:

1. _____
2. _____
3. _____
4. _____
5. _____

Prayer:

_____
_____
_____
_____
_____
_____
_____
_____
_____
_____
_____
_____
_____
_____
_____

Date:

Scripture Reference:

_____
_____
_____
_____
_____

Scripture Notes:

_____
_____
_____
_____
_____
_____
_____
_____
_____
_____
_____
_____
_____
_____
_____
_____
_____

Declarations and Affirmations:

1. _____
2. _____
3. _____
4. _____
5. _____

Action Items:

1. _____
2. _____
3. _____
4. _____
5. _____

Prayer:

_____
_____
_____
_____
_____
_____
_____
_____
_____
_____
_____
_____
_____
_____

Date:

Scripture Reference:

_____
_____
_____
_____
_____

Scripture Notes:

_____
_____
_____
_____
_____
_____
_____
_____
_____
_____
_____
_____
_____
_____
_____
_____
_____
_____

Declarations and Affirmations:
1. _____
2. _____
3. _____
4. _____
5. _____

Action Items:
1. _____
2. _____
3. _____
4. _____
5. _____

Prayer:
_____
_____
_____
_____
_____
_____
_____
_____
_____
_____
_____
_____
_____
_____

Date:

Scripture Reference:

_____
_____
_____
_____
_____
_____

Scripture Notes:

_____
_____
_____
_____
_____
_____
_____
_____
_____
_____
_____
_____
_____
_____
_____
_____
_____
_____

Declarations and Affirmations:

1. _____
2. _____
3. _____
4. _____
5. _____

Action Items:

1. _____
2. _____
3. _____
4. _____
5. _____

Prayer:

_____
_____
_____
_____
_____
_____
_____
_____
_____
_____
_____
_____
_____
_____

Date:

Scripture Reference:

_____
_____
_____
_____
_____
_____

Scripture Notes:

_____
_____
_____
_____
_____
_____
_____
_____
_____
_____
_____
_____
_____
_____
_____
_____
_____
_____
_____
_____

Declarations and Affirmations:
1. _____
2. _____
3. _____
4. _____
5. _____

Action Items:
1. _____
2. _____
3. _____
4. _____
5. _____

Prayer:
_____
_____
_____
_____
_____
_____
_____
_____
_____
_____
_____
_____
_____
_____

Date:

Scripture Reference:

_____
_____
_____
_____
_____

Scripture Notes:

_____
_____
_____
_____
_____
_____
_____
_____
_____
_____
_____
_____
_____
_____
_____
_____
_____

Declarations and Affirmations:
1. _____
2. _____
3. _____
4. _____
5. _____

Action Items:
1. _____
2. _____
3. _____
4. _____
5. _____

Prayer:
_____
_____
_____
_____
_____
_____
_____
_____
_____
_____
_____
_____
_____
_____

Date:

Scripture Reference:
_____
_____
_____
_____
_____

Scripture Notes:
_____
_____
_____
_____
_____
_____
_____
_____
_____
_____
_____
_____
_____
_____
_____
_____
_____

Declarations and Affirmations:

1. _____
2. _____
3. _____
4. _____
5. _____

Action Items:

1. _____
2. _____
3. _____
4. _____
5. _____

Prayer:

_____
_____
_____
_____
_____
_____
_____
_____
_____
_____
_____
_____
_____
_____

Date:

Scripture Reference:

_____
_____
_____
_____
_____

Scripture Notes:

_____
_____
_____
_____
_____
_____
_____
_____
_____
_____
_____
_____
_____
_____
_____
_____
_____

Declarations and Affirmations:
1. _____
2. _____
3. _____
4. _____
5. _____

Action Items:
1. _____
2. _____
3. _____
4. _____
5. _____

Prayer:
_____
_____
_____
_____
_____
_____
_____
_____
_____
_____
_____
_____
_____
_____
_____

Date:

Scripture Reference:
_____
_____
_____
_____
_____

Scripture Notes:
_____
_____
_____
_____
_____
_____
_____
_____
_____
_____
_____
_____
_____
_____
_____
_____
_____

Declarations and Affirmations:

1. _____
2. _____
3. _____
4. _____
5. _____

Action Items:

1. _____
2. _____
3. _____
4. _____
5. _____

Prayer:

_____
_____
_____
_____
_____
_____
_____
_____
_____
_____
_____
_____
_____
_____
_____

www.ingramcontent.com/pod-product-compliance
Lightning Source LLC
Chambersburg PA
CBHW062004060526
44119CB00110B/178